DON BOSCO

Andrea Erkert

Die 50 besten Spiele für Krippenkinder

DON BOSCO

MiniSpielothek

**Gerne nehmen wir Ihre Anregungen,
Wünsche, Kritik oder Fragen entgegen:**
Don Bosco Medien GmbH, Sieboldstraße 11, 81669 München
anregungen@donbosco-medien.de
Servicetelefon: 089 / 48008-341

Bibliografische Information der Deutschen Nationalbibliothek

Die Deutsche Nationalbibliothek verzeichnet diese Publikation in der Deutschen Nationalbibliografie; detaillierte bibliografische Daten sind im Internet über http://dnb.d-nb.de abrufbar.

1. Auflage 2016 / ISBN 978-3-7698-2226-7

www.donbosco-medien.de
Umschlag und Umschlagfoto: Manfred Lehner, Blue Cat Design
Layout: Andrea Paulus
Satz: Don Bosco Medien GmbH, München
Druck: Don Bosco Druck & Design, Ensdorf

Gedruckt auf umweltfreundlichem Papier

Inhalt

09 Spiele für Augen, Ohren, Hände & Co.
10 Die kleine Schnecke
11 Unsere Papiermaus
12 Wo ist das Fingerpüppchen?
14 Kunterbunte Klapperschlange
16 Was steckt denn da im Schuh?
18 Kugel rollen und lauschen
19 Ist das deine Nase?
20 Die Honigbiene
21 Dem Honig auf der Spur
22 Oh, es riecht so gut und fein!

23 Spiele zum Strampeln, Krabbeln und Laufen
24 Hallo Füße, Hände ...!
25 Das bist du!
26 Wo sind deine Füße?
28 Hallo Krabbelmaus!
30 Wer krabbelt in das große Haus?
32 Viele Krabbelmäuse
33 Wer fängt den Teddy?
34 Spring in die Pfütze!
35 Beweg dich mit dem Teddy!
36 Wer holt den Ball?

37 Fingerspiele, Krabbelverse und Kniereiter
38 Guten Tag
39 Aus dem großen Haus kommt ...
40 Dein Gesicht
41 Das ist die Nase!
42 Was krabbelt denn da?
43 Wo ist das Häuschen?
44 Häschen in der Grube
45 Max, der kleine Reiter
46 Ein kleiner Floh
47 Schnell wie der Wind!

48 Spiele für Musikmäuse & Mini-Künstler
49 So klingt es schön am Morgen!
50 In der Backstube
52 Punkte, Kreise & Co.
54 Puppen- und Kuscheltiertanz
56 Ein fröhlicher Bienenschwarm
57 Zeigt her eure Stifte
58 Klitsch, klatsch!
59 Mit fünf Fingern tanzen
60 Farbtupfer im Gesicht
61 Regenbild

62 Spiele zum Ausruhen und Entspannen
63 Klangvoller Morgengruß
64 Federleicht und sanft
66 Ich creme mich ein!
68 Morgenglocke
69 Leise wie eine Schnecke
70 Mein müdes Kuscheltier
72 Stolze Puppeneltern
73 Sanfte Malfreude
74 Lichterglanz & Klangerlebnis
75 Alle Mäuse schlafen noch!

Die Quelle alles Guten
liegt im Spiel.

Friedrich Fröbel

Spiele für Augen, Ohren, Hände & Co.

Die kleine Schnecke

Alle Kinder sitzen auf ihren Kissen im Kreis, in dessen Mitte sich die Spielleitung befindet. Sie macht hinter ihrem Rücken eine Faust, streckt den Zeigefinger und den kleinen Finger aus und schon ist die „Schnecke" fertig. Danach sagt sie laut:

Die kleine Schnecke
kriecht um die Ecke.
Sie kriecht zu ... (Name des Kindes)!

Die Spielleitung geht langsam auf ein beliebiges Kind zu und lässt dabei die „Schnecke" von ihrem Rücken aus immer weiter nach vorne kommen. Die anderen Kinder beobachten alles genau und ergänzen den Vornamen des ausgewählten Kindes. Die „Schnecke" begrüßt das Kind und verschwindet langsam wieder hinter dem Rücken. Das Spiel wird so lange wiederholt, bis alle Kinder begrüßt wurden.

Material

Kissen

Unsere Papiermaus

Die Kinder und die Spielleitung sitzen am Tisch beisammen und alle erhalten jeweils ein Zeitungsblatt. Danach sagt die Spielleitung laut:

Eine kleine Papiermaus
ist in unserem Kinderhaus!
Hört mal, welche Geräusche sie macht!

Die Spielleitung krabbelt mit dem Zeige-, Mittel- und Ringfinger sowie dem kleinen Finger der einen Hand auf ihren Oberschenkeln herum. Dabei kann sie mit der anderen Hand mit ihrem eigenen Zeitungsblatt z. B. rascheln, es zerknüllen oder es gar langsam zerreißen. Die Kinder ahmen alles so lange nach, bis die Spielleitung laut sagt:

Knistert und raschelt es im Haus,
dann ist das unsere Papiermaus!

Material

Zeitungsblätter

Wo ist das Fingerpüppchen?

Die Kinder sitzen im Kreis beisammen und blicken zur Spielleitung, die ein Fingerpüppchen hinter ihrem Rücken hält und laut sagt:

Wohin wird das Fingerpüppchen gehen?
Wer kann es mit seinen Augen sehen?

Währenddessen stülpt die Spielleitung das Fingerpüppchen hinter ihrem Rücken über einen Zeigefinger. Sie lässt das Fingerpüppchen langsam hinter dem Rücken hervorkommen, um es schließlich z. B. auf ihrem Bauch, ihrer Hand oder gar ihrem Fuß zu platzieren. Wer weiß, wie die Körperstelle heißt, auf der das Fingerpüppchen gerade Platz genommen hat? Wurde die richtige Antwort gegeben, dann lässt die Spielleitung das Fingerpüppchen wieder hinter ihrem Rücken verschwinden. Auf diese Weise wird das Spiel noch ein paarmal wiederholt.

Variation

Das Kind liegt mit dem Rücken auf einer weichen Unterlage. Die Spielleitung kniet sich direkt neben das

Kind und berührt mit dem Fingerpüppchen sanft einen Körperteil, z. B. die Hand. Passend dazu sagt sie laut: „Das ist deine Hand!“ Auf diese Weise kommen danach noch weitere Körperteile an die Reihe.

Material

Fingerpüppchen, evtl. weiche Unterlage (z. B. Schafwolldecke)

3

Kunterbunte Klapperschlange

Die Spielleitung befestigt an einen Gymnastikseil mithilfe von Wollfäden ein paar Kleinigkeiten, wie z. B. kleine Schachteln und Büchsen. Außerdem bindet sie am Seil noch ein paar farbenfrohe Chiffontücher fest. Fertig ist die „Klapperschlange", die sie nun hinter sich herzieht. Die Kinder krabbeln der „Klapperschlange", die nicht nur laut, sondern auch farbenfroh ist, voller Freude auf allen Vieren hinterher oder laufen ihr nach. Sobald jedoch ein Kind die „Klapperschlange" berührt, bleibt die Spielleitung stehen und sagt laut:

Die Klapperschlangenjagd ist nun aus!
Wir gehen alle vergnügt nach Haus!

Kaum ist der Satz ausgesprochen, legt sie die „Klapperschlange" zur Seite und bildet mit ihren Händen ein spitzes Dach über dem Kopf. Die Kinder ahmen alles nach und beenden so das Spiel.

Material

Gymnastikseil, Wolle, Schere, kleine Schachteln und Büchsen o.Ä., verschiedenfarbige Chiffontücher

Was steckt denn da im Schuh?

Die Kinder sitzen im Kreis beisammen, in dessen Mitte sie ihre Hausschuhe platziert haben. Die Spielleitung hat in den Schuhen allerlei kleine weiche Dinge versteckt, die zum Experimentieren und Hantieren einladen. Die Kinder krabbeln nun auf allen Vieren los oder laufen rasch in Richtung Kreismitte. Sie greifen ganz nach Belieben in die einzelnen Schuhe, in denen sich so manche schöne Überraschung befindet.

Variation

Es befindet sich von jedem Kind lediglich ein Schuh im Innenkreis, in dem die Spielleitung eine Kleinigkeit versteckt hat. Die Kinder dürfen sich nun der Reihe nach auf die Suche nach ihrem fehlenden Schuh machen und sich auf das freuen, was sich im Schuh befindet.

Material

Hausschuhe, kleine weiche Gegenstände (z. B. Chiffontücher, Softbälle, Papier- und Stoffreste)

5

Kugel rollen und lauschen

Alle Kinder sitzen im Kreis beisammen. Die Spielleitung übergibt einem Kind eine klingende Holzkugel, die das Kind nun von seinem Platz aus in Richtung Kreismitte rollt. Dabei entstehen beim Kullern entweder helle oder dunkle Klänge. Erst wenn die Kugel stehen bleibt und die Kinder den Klang nicht mehr hören, holt sich ein anderes Kind die Kugel und rollt sie von seinem Platz aus in die Kreismitte.

Variation

Die Spielleitung rollt die klingende Holzkugel in irgendeine Richtung. Eines der Kinder krabbelt der Kugel auf allen Vieren nach oder läuft ihr hinterher. Dann nimmt es die Kugel und setzt sich wieder auf seinen Platz, um sie von dort aus zu kullern und erklingen zu lassen. Die Spielleitung ruft ein anderes Kind auf, das die Verfolgungsjagd aufnimmt.

Material

klingende Holzkugel

Ist das deine Nase?

Die Kinder sitzen im Kreis beisammen. Die Spielleitung holt sich eine Handspielpuppe. Sie geht auf ein beliebiges Kind zu, dem sie mithilfe der Handspielpuppe auf die Nasenspitze stupst oder über den Arm oder den Kopf streichelt. Dabei sagt sie z. B.: „Ist das dein Kopf?" Je nachdem, ob es sich um den besagten Körperteil handelt oder nicht, rufen die Kinder entweder „Ja!" oder „Nein!" Danach geht die Spielleitung auf das nächste Kind zu, um das Spiel mit einem anderen Körperteil fortzusetzen. Nach ein paar Durchgängen ist das Spiel beendet.

Material

Handspielpuppe bzw. Handschuhpuppe o. Ä.

Die Honigbiene

Alle Kinder bis auf eines bilden einen Stuhlkreis. Das verbliebene Kind kniet sich in die Kreismitte. Die Spielleitung stellt vor dem Kind eine Topfblume hin und möchte von ihm wissen, welche „Honigbiene", d. h. welches Kind im Stuhlkreis, in Richtung der Blume „fliegen" darf.

Das Kind in der Kreismitte wählt einen Mitspieler aus, der nun die Rolle der „Honigbiene" übernimmt und in Richtung der Topfblume geht. Dabei macht er mit den Armen Flügelbewegungen. Er bleibt vor der Topfblume stehen, riecht an den Blüten und tauscht mit dem Kind in der Kreismitte den Platz. Kniet das betreffende Kind vor der Topfpflanze, ruft es eine andere „Honigbiene" herbei und eine neue Spielrunde beginnt. Das Spiel ist aus, sobald alle Kinder zumindest ein Mal an den Blüten riechen konnten.

Material

Topfblume

Dem Honig auf der Spur

Die Spielleitung versteckt in einem überschaubaren Spielfeld, das sie z. B. mithilfe von vier Markierungskegeln kennzeichnen kann, ein Glas mit Honig. Dann stellt sie einen schwergewichtigen Bären dar und leitet die Kinder passend dazu an, kleine Bären zu spielen. Miteinander machen sich alle auf die Suche nach dem leckeren Honig. Wurde das Honigglas von den kleinen Bären entdeckt, öffnet die Spielleitung das Glas, sodass alle Kinder den Honig gut riechen können. Wer möchte, darf von dem süßen Honig naschen.

Material

Glas mit Honig, Teelöffel, evtl. Markierungskegel

Oh, es riecht so gut und fein!

Es ist früh am Morgen. Die ganze Gruppe sitzt am Frühstückstisch. Die Spielleitung öffnet z. B. ein Marmeladenglas, das sie den Kindern der Reihe nach unter die Nase hält. Dabei sagt sie jedes Mal laut:

Oh, es riecht so gut und fein!
Das kann nur ... (Marmelade) sein!

Die Kinder ergänzen passend dazu den Satz und dürfen am Schluss natürlich auch der Reihe nach von der leckeren Marmelade kosten. Danach wiederholt die Spielleitung das Schnupperspiel noch ein paarmal mit jeweils einem anderen Lebensmittel, das sich auf dem Frühstückstisch befindet.

Material

gedeckter Frühstückstisch

Spiele zum Strampeln, Krabbeln und Laufen

Hallo Füße, Hände ...!

Das Kind liegt mit dem Rücken auf einer weichen Unterlage. Die Spielleitung malt auf einen ihrer Zeigefinger ein Gesicht, zeigt es dem Kind und sagt:

Ein Zeigefinger bin ich
und ... (deine Füße, deine Beine, deinen Bauch usw.) begrüße ich!

Die Spielleitung kitzelt dabei mit dem Zeigefinger immer den Körperteil des Kindes, den sie gerade nennt, und zwar so, dass das Kind z. B. vor Freude strampelt. Das geht so lange, bis die Spielleitung dem Kind das aufgemalte Gesicht erneut zeigt und dabei sagt:

Ein Zeigefinger bin ich
und ich begrüße nun dich!

Am Ende streichelt die Spielleitung mit der Hand mehrmals sanft über den Kopf des Kindes.

Material

weiche Unterlage (z. B. Schafwolldecke)

Das bist du!

Das Kind liegt mit dem Rücken auf einer weichen Unterlage. Die Spielleitung deckt das Kind mit einem leichten Tuch zu. Während sie nun das Tuch ganz langsam wieder wegzieht, benennt sie der Reihe nach die Körperteile, die dabei zum Vorschein kommen. Danach legt sie das Tuch zur Seite, zappelt mit den Fingern in der Luft hin und her und bewegt die Finger dann in Richtung des Kindes. Sie krabbelt nun mit den Fingern auf dessen Oberschenkeln, den Händen, Armen usw. herum, sodass das Kind vor Freude juchzt.

Material

weiche Unterlage (z. B. Schafwolldecke), leichtes Tuch (z. B. Chiffontuch)

Wo sind deine Füße?

Das Kind liegt mit dem Rücken auf einer weichen Unterlage. Die Spielleitung holt sich ein Chiffontuch, kniet sich direkt vor das Kind hin und hält das Chiffontuch an einem Zipfel fest. Während sie nun fragt: „Wo sind deine Füße?“, lässt sie das Tuch leicht über die Füße des Kindes hin- und herstreifen, sodass das Kind gegen das Tuch strampelt. Am Ende führt die Spielleitung das Tuch in Richtung der Hände des Kindes, sodass es das Tuch anfassen kann.

Variation

Die Kinder sitzen auf Kissen im Kreis. Die Spielleitung geht mit dem Tuch in der Hand ganz nah entlang der Kinder links im Innenkreis herum. Dabei möchte sie von den Kindern wissen, wo deren Füße sind. Jedes Mal wenn ein Kind mit seinen Füßen das Tuch streift, sagt sie entweder alleine oder gemeinsam mit dem betreffenden Kind laut: „Hurra! Die Füße sind da!“

Material

weiche Unterlage (z. B. Schafwolldecke), Chiffontuch, evtl. Kissen

13

Hallo Krabbelmaus!

Die Kinder sitzen auf Kissen im Kreis, in dessen Mitte die Spielleitung einen Gymnastikreifen platziert. Die Spielleitung sagt dann laut:

Eine Krabbelmaus krabbelt in die Mitte!
Spielst du für uns die Krabbelmaus, bitte?

Dabei deutet sie bei jeder Silbe der Reihe nach auf die einzelnen Kinder. Dasjenige Kind, auf das sie als Letztes zeigt, darf in den Reifen krabbeln. Dort angekommen, wird das Kind von der Spielleitung begrüßt und krabbelt dann wieder auf seinen Platz zurück. Falls ein Kind jedoch nicht in den Reifen krabbeln möchte, begrüßt die Spielleitung es an seinem Platz. Danach beginnt eine neue Spielrunde.

Variation

Spielen mehr als sechs Kinder mit, wird kein Gymnastikreifen benötigt. Die Spielleitung steht dann in der Kreismitte, winkt alle herbei und sagt laut:

Alle Krabbelmäuse krabbeln in die Mitte!
Liebe Krabbelmäuse, macht das jetzt bitte!

Erst wenn sich alle Kinder im Innenkreis befinden, begrüßt sie die Gruppe.

Material

Kissen, Gymnastikreifen

14

Wer krabbelt in das große Haus?

Die Kinder setzen sich im Kreis auf ihre Kissen. Die Spielleitung stellt in die Kreismitte einen großen Tisch. Danach deutet sie auf den Tisch und möchte von den Kindern wissen, wer von ihnen in das „Haus“, d. h. unter den Tisch, krabbeln möchte. Die betreffenden Kinder krabbeln nun in die Mitte des Kreises, um unter dem Tisch Platz zu nehmen. Sitzen sie unter dem Tisch beisammen, dürfen alle wieder rasch in Richtung ihrer Kissen krabbeln, die auf der Kreisbahn liegen. Das Spiel wird anschließend mehrmals wiederholt.

Variation

Bei dieser Variation dürfen sich alle Kinder, die Lust dazu haben, auf den Tisch in der Kreismitte setzen und dann, anstelle zu krabbeln, wieder rasch zu ihren Kissen laufen, die auf der Kreisbahn liegen.

Material

Kissen, Tisch

15

Viele Krabbelmäuse

Die Spielleitung bittet die Kinder, sich unter die Tische zu setzen. Auf ein Startzeichen von ihr hin krabbeln alle Kinder auf allen Vieren so lange durch den Raum, bis die Spielleitung auf einmal kurz trommelt und dann sagt:

Alle Mäusekinder krabbeln in ein Haus!
Sitzen alle beisammen, ist das Spiel aus!

Die Kinder versuchen daraufhin, alle gemeinsam unter einen der Tische zu krabbeln. Das Spiel kann mehrmals wiederholt werden, sodass die Kinder ausgiebig im Raum herumkrabbeln können.

Material

Handtrommel, Tische

Wer fängt den Teddy?

Die Spielleitung holt sich einen Teddy, mit dem sie die Kinder begrüßt und das Fangspiel eröffnet. Dazu läuft sie mit dem Teddy, den sie hinter ihrem Rücken in der Hand hält, los. Die Kinder laufen sofort hinterher. Wer wird wohl den Teddy fangen? Sobald ein Kind den Teddy berührt, ist das Fangspiel beendet.
Danach tauscht die Spielleitung den Teddy gegen eine Puppe aus und wiederholt das Fangspiel. Auf diese Weise werden mit anderen Kuscheltieren und Puppen noch weitere Spielrunden durchgeführt.

Material

Teddy, Puppe, weitere Kuscheltiere

17

Spring in die Pfütze!

Die Spielleitung verteilt die Teppichfliesen auf einem überschaubaren Spielfeld, und zwar so, dass die rutschfeste Seite auf dem Boden liegt. Sie versammelt die Kindergruppe hinter sich und geht mit ihr gemeinsam um die einzelnen Teppichfliesen bzw. „Pfützen" herum. Dabei sagt sie so lange den Satz: „Wir gehen!", bis sie sich eine andere Bewegungsart überlegt hat, z. B. Hüpfen. Dementsprechend, sagt sie dann: „Wir hüpfen!" So gehts immer weiter, bis die Spielleitung irgendwann ruft: „Wir springen in die Pfützen!" Daraufhin springen alle voller Freude auf jeweils eine freie Teppichfliese. Konnten die Kinder ausgiebig auf den Teppichfliesen herumhüpfen, fängt eine neue Spielerunde an, bei der die Spielleitung zunächst wieder alle Kinder herbeiruft. Nach zwei bis drei Durchgängen ist das Spiel beendet.

Material

Teppichfliesen

Beweg dich mit dem Teddy!

Die Spielleitung holt sich einen Teddy und versammelt die Gruppe hinter sich, die sie nun mithilfe des Teddys durch den Raum führt. Dabei kann sie das Lauftempo nach Belieben ändern, indem sie z. B. erst langsam und dann schnell läuft. Sie kann jedoch auch mit geschlossenen Beinen hüpfen oder gar auf allen Vieren mit dem Teddy in der Hand durch den Raum krabbeln. Die Kinder machen alles so lange nach, bis die Spielleitung „Stopp!“ ruft und der Teddy an der Reihe ist. Mit tiefer Brummstimme sagt er, d. h. die Spielleitung, nun:

Ihr seid gelaufen und habt gelacht.
Gratuliere! Ihr habt es gut gemacht!

Die Spielleitung führt dabei die beiden Pfoten des Plüschtiers möglichst nahe zusammen und tut so, als ob der Teddy vor Freude in die Hände klatschen würde.

Material

Teddy

Wer holt den Ball?

Alle Kinder sitzen auf Kissen im Kreis. Die Spielleitung holt eine Handtrommel und einen Softball. Sie setzt sich auf die Kreisbahn und schlägt mit der flachen Hand gegen die Trommel. Dabei sagt sie laut:

Hörst du den Knall,
... (Vorname des Kindes), hol schnell den Ball!

Sie rollt den Ball in Richtung Kreismitte. Daraufhin holt das betreffende Kind möglichst schnell den Ball zurück. Danach fängt eine neue Spielrunde an. Das Spiel ist aus, sobald alle Kinder ein Mal rasch den Ball holen konnten.

Material

Kissen, Handtrommel, Softball

Fingerspiele, Krabbelverse und Kniereiter

Guten Tag

Der Erste sagt: „Guten Tag!“
Der Zweite sagt: „Guten Tag!“
Der Dritte sagt: „Guten Tag!“
Der Vierte sagt: „Guten Tag!“
Der Kleinste sagt: „Heute ist ein schöner Tag,
den ich ganz besonders mag!“

Eine Hand zur Faust ballen und dann, ausgehend vom Daumen, die Finger der Reihe nach hochstrecken und etwas wackeln, sobald sie „sprechen“.

Aus dem großen Haus kommt ...

Aus dem großen Haus
kommt der Erste heraus.
Aus dem großen Haus
kommt der Zweite heraus.
Aus dem großen Haus
kommt der Dritte heraus.
Aus dem großen Haus
kommt der Vierte heraus.
Aus dem großen Haus
kommt der Fünfte heraus.
Alle fünf Finger zappeln hin und her.
Dich zu kitzeln, ist bestimmt nicht schwer!

Mit der rechten Hand eine Faust bilden und diese mit der linken Hand umfassen. Dann zwischen dem Daumen und Zeigefinger der linken Hand den Daumen der rechten Hand durchschieben und in der Luft zappeln lassen. Danach den Zeigefinger durchschieben usw. Am Ende die fünf Finger in der Luft zappeln lassen und zuletzt sich gegenseitig kitzeln.

Dein Gesicht

Der Erste sagt: „Ich bin Frau Hase!
Wo ist die Nase?"
Der Zweite sagt: „Ich bin Herr Bunt!
Wo ist der Mund?"
Der Dritte sagt: „Ich bin Herr Tor!
Wo ist das Ohr?"
Der Vierte sagt: „Ich bin Frau Laube!
Wo ist das Auge?"
Der Fünfte sagt: „Ich bin Herr Gedicht!
Und wo ist das Gesicht?"

Eine Faust bilden und dann den Daumen ausstrecken. Mit dem Zeigefinger der anderen Hand auf die Nasenspitze des Kindes deuten. Danach den zweiten Finger ausstrecken und mit dem Zeigefinger der anderen Hand auf den Mund deuten. So gehts immer weiter, bis alle fünf Finger ausgestreckt sind. Zum Schluss mit der Hand behutsam über das Gesicht des Kindes streicheln.

Das ist die Nase!

Im Wasser, da schwimmt der Fisch!
mit der Hand Wellenbewegungen machen
Das Essen, das steht auf dem Tisch!
rechte Hand senkrecht stellen und die linke waagerecht darüber halten
Im Mauseloch, da wohnt die Maus!
mit der rechten Hand den Zeigefinger der linken Hand umfassen und die Fingerspitze hervorschauen lassen
Und wir, wir wohnen in einem Haus!
mit beiden Händen ein spitzes Dach bilden
Auf dem Feld, da sitzt ein kleiner Hase!
Faust bilden, Zeigefinger und Mittelfinger ausstrecken
Mitten im Gesicht, da ist die Nase!
mit dem Zeigefinger auf die Nasenspitze des Kindes tippen

Was krabbelt denn da?

Was krabbelt denn bloß hier?
Es sind mehr als nur vier!
Krabbeln auf die Berge!
Sind das vielleicht Zwerge?
Die Antwort weiß ich ganz allein.
Es können nur die Finger sein!

Mit allen fünf Fingern den Oberschenkel des Kindes hinauf und dann in Richtung Arm und Schulter krabbeln. Am Ende das Kind unter dem Arm kitzeln.

Wo ist das Häuschen?

Ein kleines Mäuschen
sucht sich ein Häuschen.

„Da ist ein Häuschen!“,
ruft das kleine Mäuschen.

Mit vier Fingern einer Hand auf den Oberschenkeln, dem Bauch, den Armen und anderen Körperteilen des Kindes herumkrabbeln. Dabei immer wieder die ersten beiden Zeilen des Verses wiederholen. Irgendwann findet das „Mäuschen“ ein „Häuschen“, das sich unter den Armen, unter dem Pullover oder einfach hinter dem Rücken des Kindes befinden kann. Am Ende das Kind kitzeln.

Häschen in der Grube

Häschen in der Grube
sitzt und schläft, sitzt und schläft.
Armes Häslein, bist du krank,
dass du nicht mehr hüpfen kannst?
Häslein, hüpf! Häslein, hüpf! Häslein, hüpf!

(Friedrich Fröbel)

Das Kind sitzt auf dem Schoß der Spielleitung, die dessen Rücken mit den Händen stützt. Beide schauen einander an. Dann öffnet die Spielleitung ihre Knie und hält das Kind dabei so fest, dass es nicht auf den Boden fällt. Sie kann die erste Strophe des altbekannten Kinderliedes entweder singen oder den Text einfach sprechen. Dabei lässt sie den Oberkörper des Kindes immer wieder sachte nach hinten zwischen ihre Beine kippen. Bei „Häslein, hüpf!" nimmt sie das Kind wieder hoch und lässt es sanft auf ihren Knien reiten. Die Spielleitung kann dabei beliebig oft „Häslein, hüpf!" sagen und das Kind beliebig lange auf ihren Knien reiten lassen. Am Schluss umarmt sie das Kind.

Max, der kleine Reiter

Max, der kleine Reiter,
reitet immer weiter!
Reitet über Felder,
hinein in die Wälder.
Reitet über noch ein Feld,
hinaus in die weite Welt!

Die Spielleitung setzt das Kind so auf ihren Schoß, dass sich beide gegenseitig gut sehen können und stützt mit ihren Händen den Rücken des Kindes ab. Miteinander sagen sie den Vers auf, zu dem die Spielleitung das Kind sanft auf ihren Knien reiten lässt. Ist der Vers beendet, steht sie auf und hält dabei das Kind fest. Abschließend dreht sie sich zur Freude des Kindes mit ihm um die eigene Achse.

Ein kleiner Floh

Ein kleiner Floh
ist gar so froh!
Er springt rauf und runter
und ist putzmunter!
Springt hier und dort
und ist dann fort.
Machs gut, kleiner Floh!
Sei glücklich und froh!

Die Spielleitung setzt das Kind so auf ihren Schoß, dass sich beide gegenseitig gut sehen können. Sie stützt mit den Händen den Rücken des Kindes ab und lässt das Kind zu dem oben genannten Vers sanft auf ihren Knien reiten. Dabei dreht sie auch die Oberschenkel hin und her. Am Schluss öffnet sie die Knie und lässt den Oberkörper des Kindes sachte nach hinten zwischen ihre Beine kippen. Abschließend setzt sie es wieder auf ihre Knie und lässt das Kind darauf erneut sanft reiten.

Schnell wie der Wind!

So hüpfen die Frösche!
So springen die Flöhe!
So galoppieren die Pferde!
So stampfen die Bären!
Und was macht unser Kind?
Es dreht sich schnell wie der Wind!

Die Spielleitung nimmt das Kind auf den Schoß und stützt mit den Händen dessen Rücken ab. Beide schauen sich dabei in die Augen. Dann lässt sie das Kind zu dem oben genannten Vers sanft auf ihren Knien reiten. Am Schluss steht sie auf und hält dabei das Kind fest. Sie dreht sich mit dem Kind um die eigene Achse, sodass es vor Freude juchzt.

Spiele für Musikmäuse & Mini-Künstler

So klingt es schön am Morgen!

Die Kinder bilden einen Sitzkreis, in dessen Mitte sich die Spielleitung mit einem Glockenspiel begibt. Sie spielt den ersten Ton der C-Dur-Tonleiter. Ist der Ton verklungen, begrüßt sie ein beliebiges Kind, dem die übrigen Kinder zuwinken. Danach spielt sie den zweiten Ton der C-Dur-Tonleiter, um auf die gleiche Art ein weiteres Kind zu begrüßen. Das Spiel geht auf diese Weise immer weiter, bis alle Kinder begrüßt wurden. Sind mehr als acht Kinder anwesend, dann fängt das Spiel mit dem ersten Ton der C-Dur-Tonleiter von vorne an. Am Ende lässt die Spielleitung noch einmal die gesamte C-Dur-Tonleiter erklingen und sagt dann laut: „Schön, dass ihr heute alle hier seid!"

Material

Glockenspiel

In der Backstube

Die Kinder knien sich vor ihren Stühlen im Kreis hin und erhalten von der Spielleitung jeweils ein Sandförmchen. Während alle nun mehrmals die erste Zeile des Kinderlied-Klassikers „Backe, backe Kuchen“ singen, klopfen sie mit ihren Sandförmchen im Takt der Melodie auf die Sitzflächen ihrer Stühle:

Backe, backe Kuchen, der Bäcker hat gerufen!

Irgendwann jedoch sagt die Spielleitung:

Es duftet schon gar so fein,
der Kuchen muss jetzt fertig sein!

Danach sammelt sie die Förmchen ein und das Singspiel ist aus.

Variation

Die Kinder sitzen im Kreis vor ihren Trommeln bzw. umgedrehten Sandeimern. Danach verläuft das Spiel so, wie oben beschrieben, jedoch patschen die Kinder jetzt mit ihren Händen im Takt der Melodie auf ihre Trommeln bzw. Sandeimer.

Material

Sandförmchen, evtl. Trommeln bzw. Sandeimer

32

Punkte, Kreise & Co.

Die Spielleitung zieht den Kindern, falls sie es alleine noch nicht können, ihre Malkittel an. Sie verteilt die Malutensilien und sobald die Musik gestartet wird, geht das Spiel los:
Die Kinder tauchen eine Fingerspitze in ein Farbschälchen und malen im Rhythmus zur Musik auf ihrem Malpapier. Dabei kann die Spielleitung z. B. Punkte, Kreise oder Wellenlinien vormalen, die die Kinder sofort nachmalen. Stoppt die Musik, tauchen sie ihre Fingerspitzen in ein Farbschälchen mit einer anderen Farbe. Danach schaltet die Spielleitung die Musik wieder ein. Auf diese Weise wird das Spiel so lange weitergeführt, bis die Musik endet.

Variation

Im Gegensatz zu dem oben genannten Spiel teilen sich stets zwei Kinder ein Blatt Papier, um ein gemeinsames Bild zu malen.

Material

Malkittel, weiße Papierblätter (DIN A3), Schälchen mit Fingerfarben, flotte Tanzmusik

33

Puppen- und Kuscheltiertanz

Jedes Kind holt sich entweder eine Puppe oder ein Kuscheltier und bildet gemeinsam mit den anderen Kindern einen Sitzkreis. Zum Rhythmus der Musik lassen die Kinder nun die Puppen und Kuscheltiere auf ihrem Schoß tanzen. Die Spielleitung kann mithilfe einer Puppe oder eines Kuscheltiers ein paar Bewegungen vormachen und dabei auch die eine oder andere Bewegungsidee der Kinder aufgreifen. Das geht so lange, bis die Musik endet.

Variation

Das Kind liegt mit dem Rücken auf einer weichen Unterlage. Die Spielleitung kniet sich vor das Kind hin und stülpt sich ein Fingerpüppchen über den Finger, das sie nun im Rhythmus der Musik z. B. auf den Füßen, Beinen, Händen, Armen oder dem Bauch des Kindes tanzen lässt.

Material

Puppen oder Kuscheltiere, flotte Tanzmusik, evtl. weiche Unterlage (z. B. Schafwolldecke), Fingerpüppchen

34

Ein fröhlicher Bienen-schwarm

Die Kinder stehen im Kreis beisammen und spielen Bienen. Die Spielleitung steht in der Kreismitte und singt zur Melodie des altbekannten Kinderliedes „Alle meine Entchen“ den folgenden Text:

Alle meine Bienen
summen nun im Kreis,
summen nun im Kreis.
Alle meine Bienen
summen nun ganz leis!

Daraufhin summt sie leise die Melodie des Liedes, die alle Kinder mitsummen dürfen. Wer möchte, macht von seinem Platz aus mit den Armen Flügelbewegungen.

Zeigt her eure Stifte

Die Kinder sitzen an einem Tisch und erhalten jeweils ein Blatt Malpapier und einen Wachsmalstift. Zur Melodie des altbekannten Kinderlieds „Zeigt her eure Füße“ singt die Spielleitung den folgenden Liedtext:

Zeigt her eure Stifte, zeigt her euer Hand
und sehet den fleißigen Malkindern zu.
Sie malen, sie malen den ganzen Tag.
Sie malen, sie malen den ganzen Tag.

Die Kinder heben passend dazu erst ihre Stifte in die Luft und zeigen dann die andere Hand her. Anschließend malen sie so lange, bis die Strophe beendet ist. Auf diese Weise kann das Spiel mehrmals wiederholt werden. Nach jeder Spielrunde tauschen die Kinder untereinander ihre Stifte aus, sodass am Ende alle ein farbenfrohes Kritzelbild mit nach Hause nehmen können.

Material

weiße Papierblätter (DIN A3), Wachsmalstifte

Klitsch, klatsch!

Die Kinder ziehen ihre Malkittel entweder alleine oder mit Unterstützung durch die Spielleitung an. Sie setzen sich gemeinsam an einen Tisch, auf den die Spielleitung für jedes Kind ein Malblatt legt und schließlich die verschiedenen Fingerfarben in Farbschälchen füllt. Die Kinder tragen jeweils eine der Farben auf ihren Handflächen auf und schon gehts los!
Während nun die Spielleitung mehrmals hintereinander, unterschiedlich schnell und laut, „Klitsch, klatsch!" sagt, patschen die Kinder mit ihren flachen Händen auf ihr Malpapier. Das geht so lange, bis die Spielleitung „Stopp!" ruft. Die Kinder dürfen sich nun eine andere Farbe aussuchen und das Klatschspiel wiederholen. Auf diese Weise wird das Spiel so lange fortgesetzt, bis alle Kinder möglichst viele bunte Handabdrücke auf ihr Papier machen konnten.

Material

Malkittel, weiße Papierblätter (DIN A3), Schälchen mit Fingerfarben

Mit fünf Fingern tanzen

Die Kinder ziehen, falls sie es alleine noch nicht schaffen, mithilfe der Spielleitung ihre Malkittel an und setzen sich gemeinsam an einen Tisch. Die Spielleitung teilt die Malblätter aus und stellt die Farbschälchen, in denen sich jeweils eine bestimmte Fingerfarbe befindet, auf den Tisch. Die Kinder tauchen nun die fünf Fingerspitzen einer Hand in eines der Farbschälchen. Haftet genug Farbe an den Fingerspitzen, dann schaltet die Spielleitung die Musik ein.
Zum Rhythmus der Musik machen die Kinder nun lauter Farbtupfer auf ihr Papier. Das geht so lange, bis die Musik stoppt. Danach sind die Finger der anderen Hand an der Reihe, mit denen das Malspiel fortgesetzt wird, sobald die Musik wieder erklingt. Das Hin und Her zwischen den beiden Händen wird so lange fortgesetzt, bis die Musik endet.

Material

Malkittel, weiße Papierblätter (DIN A3), Schälchen mit Fingerfarben, flotte Tanzmusik

Farbtupfer im Gesicht

Alle Kinder bilden einen Stuhlkreis. Erklingt die Musik, klatschen alle rhythmisch in die Hände. Stoppt die Musik, hören die Kinder auf zu klatschen und erhalten von der Spielleitung jeweils einen Tupfer Schminkfarbe, z. B. auf die Nase oder die Wangen. Danach schaltet die Spielleitung die Musik wieder ein, zu der nun alle Kinder im Takt so lange auf ihre Oberschenkel patschen, bis die Spielleitung erneut die Musik stoppt und weitere Farbtupfer an die Kinder verteilt. Auf diese Weise geht es immer weiter, bis alle Kinder ein paar Farbtupfer von der Spielleitung erhalten haben und die Musik endet. Zum Schluss können die Kinder sich im Spiegel betrachten. Dabei dürfte das Gelächter groß sein!

Material

wasserlösliche Schminkfarbe, Schminkpinsel, flotte Tanzmusik

Regenbild

Die Kinder setzen sich um einen Tisch herum. Die Spielleitung teilt die Malblätter und die blauen Wachsmalstifte aus. Während sie nun ein paarmal den unten stehenden Vers aufsagt, klopfen die Kinder zu jeder Silbe mit ihren blauen Malstiften auf ihre Malpapiere:

Trip, trap, trip, trap, tropf,
es regnet auf mein' Kopf!

Irgendwann jedoch sagt die Spielleitung dann:

Kommt die Sonne wieder raus,
ist das Regentropfenspiel gleich aus!

Daraufhin legen die Kinder ihre Stifte zur Seite und beenden das Malspiel.

Material

weiße Papierblätter (DIN A3), blaue Wachsmalstifte

Spiele zum Ausruhen und Entspannen

Klangvoller Morgengruß

Die Kinder bilden einen Kreis, in dessen Mitte die Spielleitung die Klangschale platziert. Dann kniet sie sich direkt vor die Klangschale hin und sagt:

> *Dreimal schlag ich hintereinander die Klangschale an. Ist der Klang verklungen, dann ist unser Morgenlied (oder: unsere Geschichte) dran!*

Die Spielleitung schlägt nun dreimal hintereinander die Klangschale an und streckt dabei erst den Daumen, dann dazu den Zeigefinger und schließlich noch den Mittelfinger der anderen Hand in die Luft. Ist der Klang verklungen, beginnt sie nach einer kurzen Pause entweder gemeinsam mit den Kindern z. B. das altbekannte Morgenlied „Bruder Jakob" zu singen oder ihnen eine Geschichte vorzulesen.

Material

Klangschale

Federleicht und sanft

Die Kinder bilden einen Stuhlkreis. Die Spielleitung holt sich eine Feder und spielt einen Vogel. Sie tut so, als ob sie fliegen würde und geht auf ein beliebiges Kind zu, vor das sie sich hinkniet. Dabei sagt sie laut:

Ein Vogel setzt sich zu dir nieder.
Streichelt deine Hand, immer wieder.
Guten Morgen, liebe/r … (Vorname des Kindes)!

Sie streichelt mit der Feder sanft die Hand des betreffenden Kindes und wendet sich dann dessen linkem Nachbarskind zu, um das Spiel auf die gleiche Art zu wiederholen. Wenn alle Kinder sanft mit der Feder begrüßt wurden, ist das Spiel zu Ende.

Variation

Das Kind liegt mit dem Rücken auf einer weichen Unterlage. Die Spielleitung kniet sich direkt vor das Kind hin, spricht die ersten beiden der oben genannten Sätze laut vor und streichelt dabei die Hand des Kindes mit der Feder. Dann wiederholt sie die beiden Sätze und benennt dabei jedes Mal einen anderen Körperteil, den sie mithilfe der Feder streichelt. Zum Schluss begrüßt sie das Kind leise.

Material

Feder, evtl. weiche Unterlage (z. B. Schafwolldecke)

42

Ich creme mich ein!

Die Kinder bilden einen Sitzkreis und blicken zur Spielleitung, die ihre Hände aneinanderreibt und schließlich sagt:

Wir cremen uns ganz langsam ein,
das können wir schon ganz allein!

Dann benennt sie einen Köperteil, z. B. die Wangen, den nun alle Kinder sanft mit ihren Händen streicheln und dabei so tun, als ob sie eine Creme auftragen würden. Danach wiederholt die Spielleitung den Satz und wählt einen anderen Körperteil aus, den die Kinder eincremen bzw. streicheln dürfen, z. B. den Bauch. Auf diese Weise finden noch ein paar weitere Durchgänge statt. Ist der Cremespaß zu Ende, deutet die Spielleitung auf ihre Nase und sagt laut:

Oh, wir duften jetzt so fein!
Das kann nur die Creme sein!

Variation

Das Kind liegt mit dem Rücken auf einer weichen Unterlage. Die Spielleitung kniet sich direkt vor das Kind hin und tut so, als ob sie es eincremen würde. Dabei benennt sie, wie oben beschrieben, die einzelnen Körperstellen, die sie gerade berührt.

Material

evtl. weiche Unterlage (z. B. Schafwolldecke)

43

Morgenglocke

Die Kinder liegen im Kreis, eventuell auf Decken oder weichen Unterlagen, und tun so, als ob sie schlafen würden. Die Spielleitung begibt sich mit einer Handglocke in die Kreismitte und sagt ganz leise:

Erklingt die Morgenglocke hier im Kreis,
fangen wir gleich an, soweit ich weiß!

Dann lässt sie mehrmals die Glocke erklingen. Ist der Klang verklungen, sagt die Spielleitung laut:

Öffne deine Augen und recke dich!
Bist du fit und munter, freu ich mich!

Die Kinder öffnen nun ihre Augen, recken und strecken sich ausgiebig und klatschen dann vor Freude in die Hände.

Material

Handglocke, evtl. weiche Unterlagen oder Decken

Leise wie eine Schnecke

Alle Kinder sitzen im Kreis beisammen und versuchen, möglichst still zu sein. Die Spielleitung übernimmt die Rolle einer Schnecke. Sie hält dazu beide Hände in Faustform links und rechts an den Kopf und streckt dabei die beiden Zeigefinger, d. h. die „Fühler“, aus. Dann geht sie ganz langsam und gemütlich im Inneren des Kreises herum. Sobald jedoch eines der Kinder spricht, zieht sie ihre „Fühler“, d. h. die Zeigefinger, ein und bleibt stehen. Indem sie den Kopf nach vorne neigt, macht sie deutlich, dass sich die „Schnecke“ in ihr „Schneckenhaus“ zurückgezogen hat und erst wieder hervorkommt, wenn es mucksmäuschenstill ist. Ist dies der Fall, geht die Spielleitung erneut im Schneckentempo und auf die gleiche Weise im Kreis herum, und zwar so lange, bis sie wieder auf ihrer Ausgangsposition steht.

Mein müdes Kuscheltier

Alle Kinder holen sich jeweils ein Kuscheltier und ein Kissen und setzen sich in den Kreis. Sie können ihr Kuscheltier in der Rückenlage auf den Unterarm legen und dabei dessen Kopf in der Armbeuge ruhen lassen. Mit dem zweiten Arm halten sie ihr Kuscheltier so fest, dass es nicht auf den Boden fallen kann. Auch die Spielleitung hält ein Kuscheltier wie ein Baby und sagt leise:

Mein Kuscheltier wird wohl müde sein.
Mein Kuscheltier schläft schon fast ein.
Ich wiege mein Kuscheltier hin und her.
Ich liebe mein kleines Kuscheltier sehr!

Sie summt nun ein Schlaflied, z. B. „Schlaf, Kindlein, schlaf!“ Dabei wiegt sie im Takt der Musik ihr Kuscheltier sanft hin und her. Die Kinder ahmen alles nach. Am Ende sagt die Spielleitung:
Schlaf ein, mein Kuscheltier! Gute Nacht!
Sie steht nun auf und legt ihr Kuscheltier behutsam auf ihr Kissen. Die Kinder machen alles nach und beenden so das Spiel.

Variation

Die Spielleitung trägt ein kleines Kind auf dem Arm. Dabei liegt das Kind in der Rückenlage auf dem Unterarm der Spielleitung und der Kopf ruht in der Armbeuge. Sie wiegt das Kind sanft hin und her und sagt dazu:

Ich wiege dich hin und her,
das gefällt dir und mir sehr!

Danach summt sie leise die Melodie eines Schlaflieds.

Material

Kuscheltiere, Kissen

46

Stolze Puppeneltern

Die Kinder holen sich jeweils eine Puppe oder einen Teddy, für die die Spielleitung je ein Tuch in einem abgegrenzten Spielfeld ausbreitet. Die Kinder suchen sich jeweils eines der Tücher aus, vor das sie sich hinknien. Die Spielleitung sagt dann leise:

Decken wir alle Puppen und Teddys zu,
kommen die Puppen und Teddys auch zur Ruh.

Die Kinder decken nun die Puppen und Teddys so zu, dass nur noch die Köpfe hervorschauen. Danach lässt die Spielleitung die Klangschale erklingen. Ist der Klang verklungen, sagt sie:

Die helle Morgensonne scheint. Sieh da!
Die Puppen und Teddys stehen auf! Hurra!

Die Kinder wecken und decken nun ihre Puppen und Teddys auf und beenden so das Spiel.

Material

Puppen und Teddys, Tücher, Klangschale

Sanfte Malfreude

Die Kinder sitzen im Kreis beisammen und erhalten von der Spielleitung jeweils einen Pinsel. Die Spielleitung fängt nun an und sagt z. B.: „Wir malen unsere Füße an!“ Dabei tut sie so, als ob sie mit dem Pinsel ihre Füße anmalen würde. Die Kinder ahmen dies so lange nach, bis die Spielleitung sich einen neuen Körperteil aussucht und diesen hinzufügt. Sie sagt dann z. B.: „Wir malen unsere Füße und Beine an!“ Auf diese Weise kommen noch zwei bis drei weitere Körperteile hinzu, bevor das Spiel beendet wird.

Material

Pinsel (z. B. Pfötchen- oder Borstenpinsel)

48

Lichterglanz & Klangerlebnis

Die Spielleitung verteilt, z. B. auf den Fensterbänken, nicht zu nah beieinander mehrere Teelichter und dunkelt den Raum etwas ab. Dann geht sie mit den Kindern im Schlepptau der Reihe nach zu den einzelnen Teelichtern. Jedes Mal, wenn sie vor einem der Teelichter stehen, entzündet die Spielleitung das betreffende Teelicht und lässt die Klangschale oder Triangel erklingen. Die Kinder betrachten das Licht so lange, bis der Klang verklungen ist. Auf diese Weise geht es immer weiter, bis alle Teelichter angezündet sind. Die Spielleitung bildet nun mit den Kindern einen Kreis und beginnt leise eine einfache, ruhige Melodie zu summen. Am Ende gehen alle gemeinsam erneut zu den einzelnen Teelichtern, die die Kinder jetzt auspusten dürfen.

Material

Teelichter, Stabfeuerzeug, Klangschale oder Triangel

Alle Mäuse schlafen noch!

Die Kinder sitzen auf Kissen im Kreis und spielen Mäuse, die in ihren Mauselöchern schlafen. Die Spielleitung sitzt in der Kreismitte und sagt:

Alle Mäuse schlafen noch in ihrem Haus.
Scheint die liebe Sonne, kommen sie heraus!

Sobald die Spielleitung das Wort „Sonne“ spricht, schlägt sie die Klangschale an. Ist deren Klang verklungen, beendet sie den Satz. Die Kinder krabbeln nun so lange vergnügt im Inneren des Kreises herum, bis die Spielleitung sagt:

Ist das Mäusespiel nun aus,
krabbeln alle in ihr Haus!

Daraufhin setzen sich die Kinder wieder auf ihre Kissen im Kreis und beenden so das Spiel.

Material

Kissen, Klangschale

ISBN 978-3-7698-2127-7

ISBN 978-3-7698-2077-5

ISBN 978-3-7698-2076-8

ISBN 978-3-7698-2065-2

ISBN 978-3-7698-2002-7

ISBN 978-3-7698-2075-1

ISBN 978-3-7698-2064-5

ISBN 978-3-7698-2066-9

ISBN 978-3-7698-2000-3

ISBN 978-3-7698-1999-1

ISBN 978-3-7698-2001-0

ISBN 978-3-7698-2063-8

ISBN 978-3-7698-1983-0

ISBN 978-3-7698-1982-3

ISBN 978-3-7698-1966-3

ISBN 978-3-7698-1984-7

ISBN 978-3-7698-1939-7

ISBN 978-3-7698-1938-0